Ursula Kraus

Mit Hand und Fuß
über Tisch und Stuhl

**Anregungen zu einer
bewegten Kindergartenzeit**

Ursula Kraus

Mit Hand und Fuß
über Tisch und Stuhl

Anregungen zu einer
bewegten Kindergartenzeit

vml verlag modernes lernen - Dortmund

Wichtiger Sicherheitshinweis: *Alle hier vorgeschlagenen Übungen und Spielideen wurden von Autor und Verlag sorgfältig erwogen und geprüft. Dennoch erfolgt ihre Durchführung auf eigene Gefahr und entbindet die/den Übungsleiter/in nicht von der Beachtung individueller Gefahrenmomente und der Planung entsprechender Sicherungsmaßnahmen.*

Eine Haftung des Autors bzw. des Verlages und seiner Beauftragten ist ausgeschlossen.

© 1999 verlag modernes lernen, Borgmann KG, D-44139 Dortmund

2. Aufl. 2002

Gesamtherstellung: Löer Druck GmbH, Dortmund

Bestell-Nr. 1100   ISBN 3-8080-0437-1

Inhalt

Warum habe ich dieses Buch geschrieben ?

Weil es mich in den Fingern gekribbelt hat und ich das in Bewegung umgesetzt habe, was ich fast 25 Jahre gesehen, gelehrt (gelernt) und im Kopf gehabt habe – mit Kindern, für Kinder. Vielleicht reizt es viele Kolleginnen und Kollegen, sich einmal auf meine Spur zu begeben. Sie ist Praxis erprobt und bietet die Gestaltung der gesamten Kindergartenzeit, unter Berücksichtigung der schrittweisen Entwicklung der Kinder vom Einzelkind zur Gruppe, vom Kleinkind zum Schulkind.

Nur im Kindergarten bietet sich die Chance, „Turnen" und Alltag miteinander zu verbinden. So habe ich jede Möglichkeit wahrgenommen, das Bewegungsangebot in weitere kreative Beschäftigungsfelder übergehen zu lassen. Die Kinder haben zu geturnten Themen gemalt, gebaut oder umgekehrt. Es ergab sich so eine ganzheitliche Erfahrung mit allen Sinnen und in allen Bereichen (Körper, Material, Raum, Soziales).

Leben ist Bewegung. Je mehr Bewegungsmöglichkeiten der Körper bekommt, desto besser bewegt sich das Gehirn. Diese Erkenntnis setzt sich immer mehr durch und gilt von der Kinderzeit bis ins hohe Alter. Bei gesunden Kindern gehen die körperliche Entwicklung und die geistige meist problemlos ineinander über und ergänzen sich ganz selbstverständlich. Da ich seit 15 Jahren mit taubblinden und mehrfach behinderten Kindern arbeite, sind mir diese Zusammenhänge besonders deutlich geworden.

Mir ist klar geworden, wie sehr unsere hochtechnisierte, motorisierte und dadurch gefährliche Umwelt (auch wenn sie so schön bequem und nicht mehr wegzudenken ist) unsere gesunden Kinder behindert, sich spontan und frei zu entfalten. Immer und überall sind Gefahren zu beachten, und nicht kindgerechte Regeln hemmen häufig die Bewegungsfreude, weil es ständig heisst: „Pass auf! Nicht hier! Nicht so laut!" usw.

In den Bewegungsangeboten geht es also auch darum, verlorengegangene und unmöglich gewordene Spielsituationen zu erhalten und zu beleben, Phantasie zu unterstützen und herauszulokken und den Mut zur Eigeninitiative zu fördern. Daß jede Alltagssituation auch ein Ansatz zu einer „Bewegungsstunde" sein kann, möchte ich mit meinen Anregungen deutlich machen.

Mir hat diese Form der Bewegungserziehung, verbunden mit Gesprächen und Lerninhalten, genauso viel Freude gemacht wie den Kindern. Jetzt versuche ich, dieses auf die Arbeit mit meinen vom Schicksal nicht so begünstigten Kindern zu übertragen.

Ich möchte Mut machen, sich auf eine verstärkt bewegungsorientierte Kindergartenzeit einzulassen. Die Organisation ist nicht so aufwendig, und Raum ist in der „kleinsten Hütte". Es lohnt sich – für alle Beteiligten!

Der Beginn – Die Eingewöhnung

Für die Kinder ist alles neu: Die Räume, die vielen anderen Kinder, die Erwachsenen, die Zeiten und Regeln. Sollte man aus diesem Grunde zu Beginn ganz auf ein Bewegungsangebot verzichten?

Sicher sind unter den Kinder auch einige, die bereits in eine Turngruppe des Sportvereins gegangen sind und nun aus zeitlichen Gründen nicht mehr daran teilnehmen können. Sie kennen den Begriff „Turnen" und für sie wäre es sicher ein Verlust, das nicht tun zu dürfen. Die Kinder, die diese Erfahrung noch nicht haben, sehen sich ohnehin völlig neuen Angeboten gegenüber. Warum also nicht gleich beginnen? Dann gehört es dazu, wie Tische und Stühle zum Kindergarten und erfordert nicht einen zweiten Anlauf nach der ersten Eingewöhnungsphase.

Außerdem: Was ist Bewegungserziehung anderes, als seinen Körper zu beherrschen lernen, sich zurechtzufinden in Raum und Zeit, Umgang mit Material, Kontakte zu anderen Menschen, Bewegungsfreude zu empfinden, Selbstsicherheit zu erlangen? Es geht beim „Turnen" im Kindergarten also nicht um das Erlernen des Handstandes oder Flick-Flacks (wenn das nebenbei dabei herauskommt – gut). Es geht ganz einfach um die Bewältigung und die Auseinandersetzung mit der Umwelt und sich selber.

Die Situation des Kindes in diesem Alter ist die, daß es die ersten Schritte allein von zu Hause weg unternimmt. Da prallen die häusliche, gewohnte Welt, die Meinung und Ansicht der Eltern mit der neuen Welt und den neuen Menschen zusammen. Das macht jedes gesunde Kind neugierig, aber auch ein wenig ängstlich. Das eine Kind äußert das durch enormen Tatendrang und große Klappe, das andere wird still, setzt sich in die Ecke und beobachtet.

Daraus soll eine Gruppe, eine soziale Gemeinschaft werden. Aus 2o kleinen Persönlichkeiten sollen Kontakte zueinander entstehen, sie sollen lernen, miteinander einige Stunden am Tag zu leben.

Gerade zu Anfang ist es überhaupt nicht erforderlich – wenn nicht sogar unnötig – eine Turnhalle zu haben. Die Vereinskinder werden sich zwar etwas wundern, daß das auch „Turnen" sein soll, aber spätestens, wenn ihnen warm wird und sie eine Pause brauchen, wird es ihnen klar. Ich finde es sehr wichtig, den Gruppenraum zu benutzen. Es entspricht sehr viel mehr meiner Auffassung, das Turnen Bewegungsfreude ist und einfach zum täglichen Leben dazugehört. Es soll keine großen Umstände machen, sich „gezielt" zu bewegen.

Damit nähere ich mich dem Thema „gezielt bewegen". Ich meine also mit meiner täglichen Bewegungsstunde keine ausufernde Tobestunde. Es geht mir schon darum, in dieser Stunde Lernanreize zu setzen, Aufgaben zu bewältigen – auch wenn es praktisch ganz anders aussieht.

Ich kommentiere meine Vorschläge so, daß erkennbar wird, welche Wirkung oder Absicht in den Angeboten liegt. Meine Definition von Psychomotorik ist: Für die Psyche und für die Motorik, für die gesamte Persönlichkeit des Kindes. Deshalb ist mir das Gespräch mit den Kindern und das Einbeziehen in Vorbereitungen und Aufräumen besonders wichtig.

1. Der Raum

Zunächst geht es darum, den Raum als Ganzes zu erfassen, zu erobern und zu erfahren: wo ist was, was ist was, was kann man damit tun. Aus dem neuen, noch fremden Raum wird „mein Kindergartenzimmer".

Wie bewegen sich nun die Kinder in dem vollgestellten Raum und wie im leergeräumten Raum? Womit schaffe ich Orientierungsmöglichkeiten, womit Ordnungsrahmen? Wie setze ich Anreize? Wie kommt jedes Kind zu seiner individuellen Bewegungsauffassung?

1.1 Der leere Raum

Alle Möbel sind zur Seite geräumt. Mit Tesaband klebe ich die seitliche Begrenzung. Ich brauche einen Kassettenrekorder und Musik – gut geeignet sind die Fidula fon-Kindertänze, aber durchaus auch aktuelle, flotte Musik, die die Kinder aus dem Radio kennen. Außerdem lege ich mir Wolldecken oder Handtücher bereit.

Musik an – die Kinder bewegen sich frei im Raum, wie es ihnen gefällt.
Musik stop – alle bleiben stehen. Ich kann die weiteren Aufgaben stellen.
Musik an: Alle laufen – gehen – hüpfen – krabbeln – rutschen – trampeln –schleichen ...
Musik stop: alle stehen, sitzen, hocken, liegen auf dem Bauch, liegen auf dem Rücken.
Musik an: Wir fassen uns zu einer langen Schlange und winden uns gemeinsam durch den Raum, aneinander vorbei, durch die Arme hindurch – Riesenschlange (groß) – kleine Schlange (gebückt).
Musik stop: Die Schlange fällt auseinander.

Weiter geht es ohne Musik. Ich frage: Wie viele Kinder passen denn hintereinander von Wand zu Wand oder von Tesastrich zu Tesastrich? – Wie viele passen nebeneinander?
Zum Schluß kommen die Handtücher oder Wolldecken an die Reihe: Jedes Kind legt die Decke aus und kann sich darauf erholen.

1.2 Der Raum mit weiteren Grenzen

Ich setze weitere Grenzen mit dem Tesaband. Zunächst halbiere ich den Raum. Die Stühle stehen als Begrenzung in einer Reihe an den Wänden entlang, wo jedes Kind seinen Platz hat.

Zur Musik wiederholen wir die Bewegungsformen, aber laufen bei „Stop" alle nur in eine Hälfte. Ich sage nicht, in welche. Das geschieht von allein. Einige Male wiederholen.

Dann laufen wir zur Musik alle nur in der rechten Hälfte, bei „Stop" ist Wechsel zur linken Hälfte.

Der Raum ist sehr viel enger geworden. Die Kinder müssen viel Rücksicht nehmen. Ich lobe sie, frage aber auch: „Könnt ihr das auch ohne Anstoßen, wenn ihr rückwärts geht?"

Zum Abschluß nenne ich die rechte Seite „Schlafseite" und die linke „Wachseite". Solange die Musik spielt, laufen alle auf der Wachseite und dürfen ganz laut sein. Wenn die Musik aus ist, liegen alle in der Schlafseite und müssen ganz leise sein.

Mit einer Zauberschnur verstärke ich nun die Mittellinie in einer Höhe, daß die Kinder gebückt darunter hindurchlaufen können. Wer die Schnur berührt, ist verzaubert (Zauberschnur!) und bleibt stehen. Die anderen Kinder müssen nun weiterlaufen, dürfen aber weder die verzauberten Kinder noch die Schnur berühren!

Als Abschluß singen wir in jeder Hälfte ein passendes Lied. Die Kinder werden bestimmt Vorschläge machen (Schlaflied und vielleicht, wenn kein Vorschlag kommt: „Wenn ich fröhlich bin, dann klatsch' ich in die Händ'").

In diesen Stunden geht es fast ausschließlich um Anerkennung von Grenzen und Regeln, Rücksichtnahme und das Verstehen von Signalen. Spielerisch entsteht eine Ordnung. Es sollte möglichst ohne Schuhe und Strümpfe geturnt werden, da dann laut und leise besser empfunden wird – von einer Stärkung der Fußmuskulatur ganz abgesehen!

1.3 Ein Raum – Vier Räume

Wieder teile ich den Raum noch einmal längs, so daß vier Räume entstehen. Um das zu verinnerlichen, lasse ich die Kinder über die Striche balancieren, krabbeln, auf Fersen und auf Zehenspitzen gehen usw.

Dann erhält jedes Viertel eine Bedeutung (es erinnert an die auf die Straße gemalten Wohnungen für „Mutter, Vater, Kind-Spiele"):

1. Schlafzimmer – dort liegt nichts
2. Kinderzimmer – darin liegen Bauklötze, Autos, Teppichfliesen
3. Spielplatz – viele kleine Bälle, Bohnensäckchen
4. Klanghölzer, Rasselbüchsen, Pfeifen, Trommeln

Die Kinder dürfen selbst aussuchen, in welches Zimmer sie wollen. Bedingt durch den begrenzten Platz, verteilen sie sich meist ohne irgendwelche Hilfe.

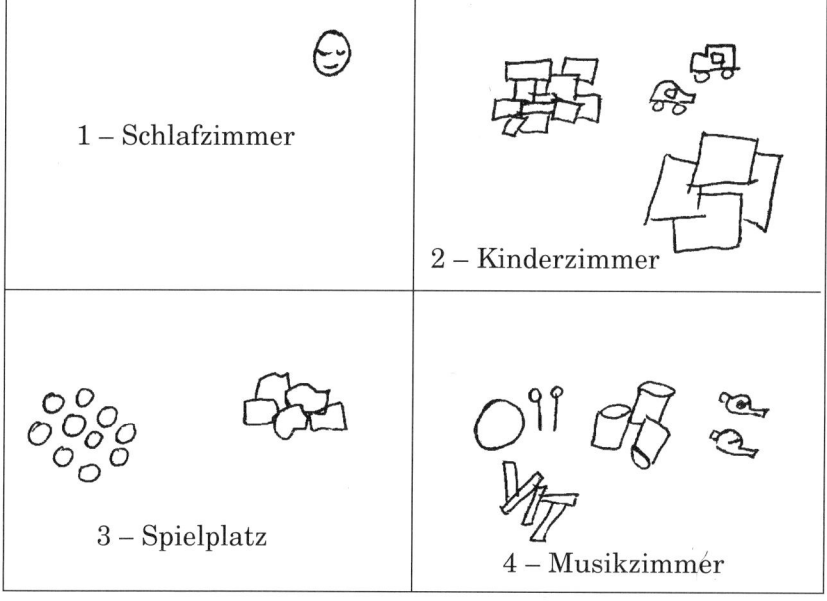

Kann auch später durch entsprechende Symbolkarten angezeigt werden!

Sie probieren einige Zeit, was sie in dem jeweiligen Raum tun können. Ich klatsche in die Hände und die Räume werden gewechselt.

Ganz wichtig ist, sich gleich zu Beginn auf ein Signal zu einigen!

Wieder stelle ich dann Fragen: „Passen alle Kinder in .....Raum?" Und lenke es so, daß zum Schluß der Schlafraum an der Reihe ist.

Durch die unterschiedlichen Anreize fügen sich die Kinder in die sehr kleinen Bewegungsräume. Sie nehmen Rücksicht, können absehen, was die anderen machen, aber auch selber erfinden. Außerdem kann ich, um ein bißchen mehr Gymnastik hineinzubringen, auch anregen, z.B. im Spielzimmer nur mit den Füßen, im Kinderzimmer nur auf dem Bauch, im Musikzimmer nur auf dem Rücken zu arbeiten. Aber im Schlafzimmer muß man wirklich ruhig sein – das ist meistens das Schwerste!

Diese „Wohnung" läßt sich immer wieder neu gestalten und wird von den Kindern heiß geliebt. Mir bietet es gute Beobachtungsmöglichkeiten: Wer mag keine Nähe, wer keinen Lärm? Wer geht immer in das selbe Zimmer, macht immer die selben Tätigkeiten? Wer achtet überhaupt nicht auf andere?

2. Stühle

Alle Tische sind aus der Raummitte entfernt. Die Stühle bilden die „Umzäunung". Dort hat jedes Kind seinen festen Platz. Es muß sich genau merken, welcher sein Stuhl ist. Zur Musik wird durcheinander im Raum herumgelaufen, sobald die Musik stoppt, soll jeder seinen Platz wiederfinden. Das klappt nicht auf Anhieb und wird häufig wiederholt, aber die Bewegungsart ändert sich auf Zuruf: hüpfen, krabbeln, drehen, rutschen, ganz klein, ganz groß, wie die Enten – jeder Vorschlag eines Kindes wird dankbar aufgegriffen. Auch der Stop wird verändert: beim Sitzen die Füße hoch, auf dem Stuhl stehen, auf dem Stuhl hocken, verkehrt herum sitzen, vor dem Stuhl und Füße darunter, Kopf unter den Stuhl – auch hier werden die Kinder erfinderisch.

Eine weitere Variation kann sein, daß alle zur Musik über die Stühle gehen und wenn die Musik aus ist, legen sich alle mucksmäuschenstill in die Raummitte – und wieder können die Kinder sich in der Mitte selbst ausdenken, wie sie dort verharren wollen.

Wichtig ist hierbei, den Wechsel von vorgegebener Ordnung (Stuhlreihe) und freiem Raum zu erfassen. Es erfordert große Orientierungssicherheit, sofort den eigenen Platz zu finden. Wir Großen sollten das alles einmal ausprobieren! Während des Laufens in der Raummitte ist Rücksichtnahme und Anpassung nötig. Bei den Ruhephasen auf den Stühlen bzw. in der Raummitte kommt es auf die Konzentration auf den eigenen Körper an.

2.1 Stühle im Raum

Jedes Kind stellt seinen Stuhl so in den Raum, daß man gut darum herumgehen kann. Nun wird zur Musik um den Stuhl gelaufen und zur Pause sich darauf gesetzt (wieder die Variationen anbieten, aber erweitern: auf den Bauch und auf den Rücken legen, denn jetzt ist Platz dazu). Langsam wird die Aufgabe erweitert und es heißt: „Lauft um alle Stühle herum – oder krabbelt usw. und findet nun euren eigenen Stuhl, wenn die Musik zu Ende ist."

Und weiter geht es mit der „Raumerfassung"!

Zur Musik – um alle Stühle herum
über alle Stühle
unter allen Stühlen hindurch
hinter den Stuhl stellen
vor dem Stuhl sitzen

Lustig ist es auch, einmal zu probieren, ob mehr als ein Kind auf dem Stuhl Platz hat oder ob man auch mit geschlossenen Augen den Weg findet – vielleicht geht es zu zweit besser, wenn ein Kind das andere führt.

Augen verbinden mögen viele Kinder nicht und haben sogar richtig Angst davor. Es reicht ja auch völlig aus, wenn sie einfach die Augen schließen.

Alle Vorschläge benutzen den Stuhl rein funktionell. Falls die Frage aufkommt, warum ich nicht die bekannte „Reise nach Jerusalem" nenne: Ich halte sie für denkbar ungeeignet, um ein Gruppengefühl und eine Eingewöhnung zu fördern. Bei dem Spiel geht es darum, wer der Schnellste ist und seine Ellenbogen benutzen kann und einer bleibt übrig. Mein Hauptanliegen in allen Bewegungsstunden ist, daß alle mittun können – aktiv oder auch mal entspannt passiv. Aber nicht als Unterlegener, Ausgeschiedener.

2.2 Stühle mit Phantasie – Spielgeschichte

„Der Stuhl ist dein Haus. Unter dem Stuhl ist der Keller. Die Sitzfläche, wenn du drauf sitzt oder liegst, ist das Wohnzimmer – wenn du drauf stehst, ist es der Balkon."

Zunächst wird geprobt:
„Jeder sitzt in seinem Wohnzimmer und liest die Zeitung. Seht doch mal nach, ob eine Maus im Keller ist! Könnt ihr vom Balkon aus die Wolken sehen?"

Dann geht es los:
„Euch ist viel zu langweilig, so allein zu Hause. Darum geht ihr aus eurem Haus und spaziert durch alle Straßen. – Ach, da trefft ihr ja .... (jedes Kind bleibt vor einem anderen stehen) und sagt euch Guten Tag – und geht zusammen weiter spazieren.

Hu, da wird der Himmel ganz dunkel und es beginnt zu regnen! Nun aber schnell zum Haus zurück! Jeder geht in sein Wohnzimmer, trinkt Kaffee, liest wieder Zeitung, legt sich auf das Sofa....
Der Regen hat aufgehört. Da fällt euch ein: „Ich muß ja noch einkaufen! Was fehlt denn noch zum Abendbrot?" (Die Kinder rufen einiges).Nun aber los!
Die Geschäfte machen gleich zu. Ihr habt es ganz eilig! Alle rennen zum Einkaufen.
Oh, sind die Taschen jetzt schwer! Ihr müßt ordentlich schleppen bis zum Haus. Im Keller stellt ihr die Taschen ab, geht ins Wohnzimmer und ruht euch erst einmal aus.
Wollte nicht noch Besuch kommen? Wo bleibt der denn? Ihr könnt ja mal vom Balkon aus nachsehen.

Da hinten ist der Besuch ja schon! Ob er euch besser sieht, wenn ihr winkt?
Mit beiden Armen? – Dann klettert ihr ganz schnell in den Keller und holt die guten Sachen zum Essen herauf.
Es klingelt ja gar nicht! – Kommt doch keiner? Seht noch einmal vor dem Haus nach. – Nein, keiner da. Dann lauft doch mal durch die Straßen und sucht – aber da ist auch kein Besuch für euch!
Ganz traurig schleicht ihr wieder in eurer Wohnzimmer und sitzt da herum.
Auf der Straße war es viel lustiger. Also 'raus mit euch! (Alle rennen und hüpfen fröhlich durch die Straßen) Ladet euch doch

gegenseitig ein! (immer zwei in ein Haus) Erzählt euch, was ihr
eben gemacht habt – bis die Musik zu spielen beginnt und alle ein
Straßenfest feiern und tanzen."

Der Raum für die Bewegung ist sehr eng. Es kommt darauf an,
nicht gegen einen Stuhl zu rennen und auch nicht mit anderen
Kindern zusammenzustoßen. Andererseits kann jedes Kind ganz
individuell seine „Hausarbeit" verrichten. Es ist also ein Wechsel
von Gruppenbewegung und einzelner Tätigkeit. Verpackt sind
hier die motorischen Grundtätigkeiten wie Gehen, Laufen, Hüpfen, Klettern, Steigen usw. Durch die vielen Haltebewegungen,
wie auf dem Stuhl sitzen und die Beine hochhalten, sich „auf die
Couch" legen, werden die Bauch- und Rückenmuskeln sehr beansprucht und das Gleichgewicht geschult. In den Kriechübungen,
unter den Stühlen hindurch oder darum herum, ist das „Klapps-
che Kriechen" versteckt. Durch den Wechsel von lockerem Durch-
einanderlaufen und Verharren ist für An- und Entspannung ge-
sorgt. Bei meinem Erzählen müssen die Kinder zuhören, bei
ihren Aktionen können sie selber erzählen.

Ganz wichtig finde ich, daß die Kinder den Raum mit mir zusammen vorbereiten und ich dabei schon erzählen kann, was ich mir
ausgedacht habe. Ebenso macht es ihnen Spaß, dann auch alles
wieder in Ordnung zu bringen.

Für diese Stunden müssen sich die Kinder noch nicht umziehen.
Es reicht völlig aus, wenn sie Gymnastikschuhe oder Rutschsok-
ken anziehen (keine festen Turnschuhe, die gebunden werden
müssen und auch nicht genügend Bodengefühl vermitteln). Auch
ein dicker Pullover ist fehl am Platz. Das An- und Ausziehen habe
ich in einer anderen Einheit probiert. – Das kommt später!

3. Tische im Raum

Hierbei begleite ich die Bewegung mit dem Tamburin. Es läßt sich individueller bedienen, man kann besser dazwischen reden und gezielter (situationsgerechter) aufhören.

Heute stehen nur die Tische verteilt im Raum, aber die Aufgaben sind ähnlich wie in den Stuhl-Stunden. Da die Kinder das nun schon kennen, werden sie viel eher eigene Vorschläge machen. Wieder geht es **um, auf, über, unter** die Tische. Die Bewegungsart versuche ich mit dem Tamburin anzugeben. Einige Kinder werden das aufnehmen können, andere noch nicht. Diese schauen das von den anderen ab: **gehen, laufen, hüpfen** ...

Jetzt kann auch um jedes Tischbein herumgekrabbelt, gerutscht usw. werden!

– Wie viele Kinder passen auf einen Tisch?
– Wie viele Kinder passen darunter?

Der Begriff „Tisch" wird wörtlich einverleibt. Der Raum ist durch die Tische eingeordnet und muß neu erfaßt werden. Auf meine Vorgaben muß geachtet, Bewegungsaufgaben gelöst oder auch erfunden werden. Bei all diesen Aufgaben ist zunächst jedes Kind für sich und mit sich beschäftigt, erst später kommt es zur Gruppenbildung.

Das Tamburin kann dann auch von einem Kind geschlagen werden, das die Aufgabe stellt.

Eine ruhigere Phase kann man dadurch schaffen, daß sich nur zwei oder vier Kinder mit geschlossenen Augen zwischen den Tischen hindurch arbeiten. Die anderen sind Zuschauer und geben vielleicht auch Tips – und wollen es dann auch selbst probieren.

3.1 Spielgeschichten mit Tischen und Stühlen

Nach der reinen Möbel-Erprobung (daß sie stabil genug sind, haben wir auch bemerkt!) kommt es zum Phantasie- und Rollenspiel mit viel Bewegung.

Alle Tische sind Häuser, in denen Vater, Mutter, Geschwister wohnen – findet euch zusammen!

Alle Stühle sind Verkehrsmittel: Auto, Straßenbahn, Bus, Fahrrad, Roller – sie stehen an der Seite in den Garagen.

Ich erzähle eine Geschichte und stehe fast versteckt in einer Ecke, damit ich nicht wie ein Verkehrspolizist im Wege stehe oder zu sehr dirigiere:

„Es ist Nacht. Ganz dunkel. Nur der Mond steht am Himmel und leuchtet über den Häusern (ich zeige auf ein Kind, das sich auf den Tisch stellt und mit runden Armbewegungen den Mond spielt). In den Häusern schlafen alle Menschen (die Kinder liegen).

Manche Leute schnarchen im Schlaf –

manche pusten ganz leise vor sich hin –

manche schlafen auf dem Bauch

andere auf dem Rücken

andere auf der Seite

viele drehen sich dauernd um.

Langsam kommt der Morgen, der Mond verschwindet – die Sonne kommt.

Da klingelt der Wecker: Drrrrrrrr.... (alle Kinder machen mit!) Die Menschen recken und strecken sich, reiben sich die Augen, gähnen, stehen auf, ziehen den Schlafanzug auch aus, gehen zum Waschen oder Duschen, putzen sich die Zähne, kochen Kaffee, decken den Frühstückstisch, essen – ach, nein! anziehen müssen sie sich doch auch!

Auf der Straße ist schon der Straßenkehrer unterwegs (das kann der „arbeitslos" gewordene Mond wieder sein). Langsam müssen alle Leute zur Arbeit, zur Schule, zum Einkaufen und wer zu Hause ist, macht die Wohnung sauber (die Kinder suchen sich die entsprechende Tätigkeit).

Die einen fahren mit dem Auto, die anderen mit der Straßenbahn. Die Kinder fahren mit dem Rad oder mit dem Roller...."

Jetzt sind alle vertieft in ihre Rollen und ich lasse es laufen, bis die ersten Anzeichen von „genug" kommen:

Der Tag geht zu Ende. Jeder ist von seiner Arbeit müde geworden und kehrt wieder zu seiner Familie zurück. Sie essen zusammen, sie waschen sich, ziehen den Schlafanzug an und legen sich schlafen."

3.2 Noch eine Geschichte

Alle Tische werden mit der Fläche nach unten gedreht: Es sind Inseln, alle Stühle sind Einer-Boote. Die Kinder sitzen zuerst noch ganz dicht bei mir und ich beginne:

„Es gibt ein Land, das aus ganz vielen Inseln besteht. Das Land liegt in der Südsee. Dort ist es ganz warm. Die Menschen sind Fischer. Auf jeder Insel wohnen immer nur ein paar Leute (jetzt verteilen sich die Kinder). Jedem gehört ein eigenes Boot. Das Boot wird am Ufer festgemacht, wenn die Menschen mit dem Fischen fertig sind (jedes Kind holt einen Stuhl und bringt sein Boot zu seiner Insel).

Die Menschen schlafen auf dem Fußboden. Frühmorgens stehen sie auf – gehen zu ihren Booten und fahren um die Inseln herum zum Fischen (jedes Kind versucht, sich mit seinem Boot fortzubewegen). Wenn es ihnen zu heiß wird, springen sie einfach ins Wasser und schwimmen ein bißchen.

Weil sie so viele Fische gefangen haben, schaffen sie es nicht, daß jeder allein mit seinem Boot fahren kann. Darum hängen sie sich aneinander und fahren gemeinsam zur Insel ...

Da wird es plötzlich ganz stürmisch! Die Boote schaukeln, die Menschen wackeln hin und her – und plumps liegen sie im Wasser! Nun ist es ihnen egal, welches ihr eigenes Boot ist – sie schwimmen zu irgendeinem und klettern hinein (meist mit viel Geschrei).

Doch nun hat sich der Wind gelegt und die Boote kommen an Land. Jeder macht sein Boot fest und jeder muß zu seiner Insel noch ein kleines Stückchen schwimmen (weil bestimmt einige nicht mehr wissen, auf welcher Insel sie wohnen, gibt es ein kleines Durcheinander – es braucht also Zeit).
Oh, wie schön! Jetzt scheint sogar die Sonne! Alle können sich an den Strand legen, sich sonnen und ausruhen von der schweren Arbeit.

Und am Abend treffen sich alle Inselbewohner von allen Inseln zum Trampel- und Klatschtanz."

Hierzu eignet sich von Fidula fon: Ku-tschitschi – später erfinden die Kinder gern auch selber einen Tanz und man kann einen „Insel-Wettbewerb" ausschreiben.

In diesen Geschichten sind viele Bewegungsaufgaben enthalten. Die Kinder sind so vertieft, daß sie die Anstrengung erst merken, wenn sie zur Ruhe kommen. Diese Spielgeschichten lieben die Kinder heiß und innig. Sie waren ja eine Zeit lang etwas verpönt. Aber unter Berücksichtigung der Entwicklungspsychologie (magisches Alter) und vor allem aus eigener Erfahrung weiß ich, daß sich die Kinder hierbei voll einbringen und aus der Reserve locken lassen. Das gibt dem Erzähler auch die Möglichkeit, sich körperlich herauszuhalten und doch dabei zu sein.

Jede Möglichkeit, aus der Erzählerrolle auszusteigen, wenn z.B. ein Kind weitererzählen möchte, sollte man nutzen. Obwohl es zu Beginn der Kindergartenzeit wohl eher selten vorkommt – oder aber gleich zu erkennen ist, wer der Wortführer sein möchte. Und dann finde ich beides wichtig:
Der Starke sollte ruhig zu seinem Recht kommen, damit er nicht irgendwann unangemessen explodiert. Aber die Stummen dürfen nicht übersehen werden. Wenn also zu viele Einfälle nur von einem Kind kommen, ist es besser, die Erzählerrolle behutsam wieder zu übernehmen.

Als Abschluß oder Übergang zu weiterer Beschäftigung bieten gerade die Geschichten Anreiz zum Malen und darüber Reden.

Bei dieser Form von Bewegungsspielen habe ich gute Möglichkeit, die Kinder kennenzulernen und zu beobachten. Sehr schnell wird auffallen, welche Kinder sich schnell zu Gruppen zusammenfinden und welche ständig zurückbleiben und sich scheuen, zu anderen zu gehen.

Auch der Geräuschpegel wird sehr unterschiedlich verarbeitet. Immer wieder ist es mir aufgefallen, daß es manchen Kindern zu wild und zu laut zugeht und sie Ängste entwickeln. Darum sollte man darauf achten, genügend ruhigere Phasen einzubauen, damit auch sie zu ihrem Recht kommen (oft sind es Einzelkinder, die zu Hause häufig zu hören bekommen: „Nicht so laut! Nicht so wild! Paß auf...")

Nach einiger Zeit faßt das eine oder andere stille Kind doch den Mut, selber eine Geschichte zu erzählen. Dann muß es sich nicht ins Getümmel wagen und hat doch eine herausragende Rolle!

Läßt sich gut aus Papprollen und Zeitungspapier basteln!

4. „Richtiges Turnen" mit Tischen, Stühlen, Bänken

Gebraucht werden Tische, Stühle, eine Turnbank (es geht aber auch eine Schuhbank oder Turnleiter – oder eine alte Holzleiter). Mit allem bauen wir einen Parcours auf – eine Skizze verdeutlicht die Reihenfolge.

Die erste Aufgabe ist immer: „Probiert einmal aus, wie ihr über alles hinweg kommt." Erst wenn jedes Kind genügend Möglichkeiten hatte, sich mit allem vertraut zu machen, streue ich Aufgaben ein:

– die Leiter auf allen Vieren hoch
– über den Tisch auf dem Bauch rutschen
– eine Rolle vom Tisch auf eine Matte
– über einen umgekippten Tisch (mit Matte oder Decke sicher)
– die Bank auf dem Bauch hinauf (später auch auf dem Rücken)
– auf dem Tisch „Karussell drehen"
– auf den Tisch klettern und
– auf die Matte springen
– auf die zusammengestellte Stuhlreihe steigen
– unter den einzelstehenden Stühlen hindurch rutschen.

Eine kleine Hilfe für die Kinder, die Angst haben, vom Tisch zu springen:Ich lenke ihre Aufmerksamkeit vom Boden auf das Tamburin, das ich in Augenhöhe halte und fordere das Kind auf, erst darauf zu schlagen und dann zu springen (später kann es während des Sprunges schlagen). Mit diesem Trick geht der Absprung meist problemlos. Auch den „mutigen" Kindern macht das Spaß. Bei denen kann man die Trommel weiter oder höher halten und damit den Sprung verändern.

Zum Abschluß einer solchen Stunde gibt es „aufräumen mit Musik":
Zur Musik laufen die Kinder noch um die Aufbauten herum und bei Musikstop kommt die Aufforderung, was nun zur Seite geräumt werden soll. Wenn der Raum wieder frei ist, kann der sehr beliebte Tanz „Bingo" (Fidula fon) getanzt werden oder ein anderer Schlußtanz.

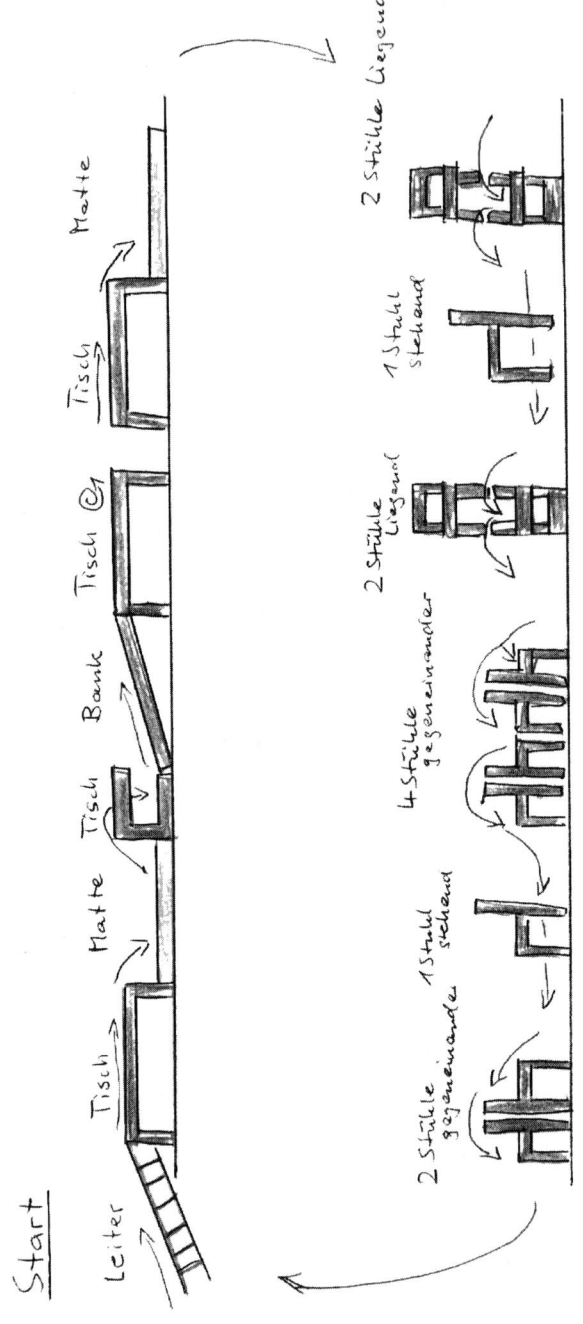

Start

Leiter

Tisch → Matte Tisch Bank Tisch ① Tisch → Matte

2 Stühle gegeneinander   1 Stuhl stehend   4 Stühle gegeneinander   2 Stühle liegend   1 Stuhl stehend   2 Stühle liegend

5. Aus- und Anziehen – einmal anders

Aus der so lästigen Notwendigkeit, sich zum Turnen umzuziehen, kann eine lustige Turnstunde werden – bzw. etliche Stunden oder nur Stundenanfänge oder das Ende einer Stunde. Besonders in diesem Fall ist das Motto „Vom Leichten zum Schweren" zu beachten – sonst gibt es Frust! – Ein gutes Spiellied dazu ist „Jetzt zieht Hampelmann ...", das lediglich etwas abgewandelt werden muß. Doch zuerst gehen alle Kinder zur Musik völlig angezogen im Raum herum:

Musikstop: „Wer hat als Erster seine Schuhe ausgezogen?" – alle Schuhe kommen in die Mitte.
Musik: Es wird gelaufen
Musikstop: „Wer hat ganz schnell seine Schuhe wieder an?"

Dieser Teil eignet sich auch später gut als Stundenbeginn. Wenn dann die Steigerung kommt, daß sich die Kinder Schuhe, Strümpfe, Pullover und lange Hosen ausziehen sollen, ist es ratsam, auf den festen Stuhlplatz am Rande zurückzugreifen, damit es nicht ein heilloses Durcheinander gibt. Ich habe in den ersten zwei bis drei Stunden immer nur das Ausziehen und Ablegen der Kleidung auf dem Stuhl gemacht. Danach zogen sich die Kinder Turnzeug bzw. nur Turnschuhe an. Zum Anziehen ließ ich nur die Musik als Zeitmaß (für mich!) laufen ohne irgendeine Aufgabenstellung. Anziehen ist ja so viel schwerer!

Es ist gut, wenn die Eltern von dieser Aktion wissen. Sie könnten das unterstützen, indem sie den Kindern einfachere Kleidung anziehen und nicht 15 kleine Knöpfe geschlossen werden müssen.

5.1. „Verrückt anziehen"

Nachdem die Kinder sehr viel sicherer geworden sind, macht ihnen dieses Spiel viel Spaß:

Jedes Kind soll seine Sachen völlig falsch oder an falscher Stelle anziehen. Das ist nicht so einfach, wie es sich anhört! Es erfordert Einfallsreichtum und eine gehörige Portion Feinmotorik. Aber die Ergebnisse sind so ulkig, daß die Schwierigkeiten gar nicht auffallen.

5.2 „Mama spielen"

Jedes Kind zieht ein anderes an. Das anzuziehende Kind darf nicht mithelfen.
Auf die Idee bin ich gekommen, als ich sah, wie ausgerechnet nach einer solchen Anziehstunde meine guttrainierten Kinder alle Viere von sich streckten, wenn Mama oder Papa sie vom Kindergarten abholten und sie sich anziehen ließen ... Das ist sicherlich auch Art von Signal und Sehnsucht nach Streicheleinheit „ich bin froh, daß du da bist", aber mit zunehmender Selbstsicherheit kommt dann doch bald der Spruch „Das kann ich alleine."

Und das will man ja erreichen: Lebensbewältigung. Darum ist es auch so wichtig, nicht sofort Hilfe anzubieten, sondern sehr aufmerksam zu beobachten. Auch muß die Hilfe nicht gleich mit den

Händen geschehen. Oft hilft es schon, wenn man sagt: „Versuch mal, ob es nicht so oder so geht."

Das stolze Lächeln oder der anerkennungsheischende Blick, wenn ein Kind etwas Schwieriges bewältigt hat, ist ein großes Danke für die aufgebrachte Geduld.

Sicherlich geht alles schneller und reibungsloser, manchmal auch mit weniger Tränen oder gar Wutanfällen, wenn man hilft. Aber wie gesagt: Helfen heißt nicht unbedingt Zugreifen. Helfen meint auch die Aufmunterung, das Zutrauen, die Geduld – und dann die Anerkennung. Zum Helfen gehört Sich-Zeit-nehmen! Sich selber anziehen zu können bedeutet in meinen Augen, daß sich das Kind selber ein Stück für seinen Alltag bereit machen kann, sein Leben in die Hand nimmt.

Ganz bewußt habe ich das Umziehen erst in der zweiten Phase gewählt. Ich habe oft beobachtet, daß die Kinder viel eher ihre Umgebung erobern, wenn nicht gleich besondere Voraussetzungen zu erfüllen sind. Wenn sie, so wie sie gerade sind, sich bewegen dürfen, kommt das dem natürlichen Bewegungsdrang der Kinder entgegen. Es wäre eine Auffälligkeit, wenn ein Kind diesen Bewegungsdrang nicht zeigen würde – wenn es nicht auf optische und akustische Reize mit Bewegung antworten würde! Das Kind erobert sich seine Welt durch Bewegung – mit welcher Riesenanstrengung wird z.B. im Krabbelalter sogar ein Sofa erklommen! Mit jeder bewältigten Herausforderung wächst das Selbstbewußtsein, die Selbstsicherheit, die Freude und die Neugier an der Welt.

Auch läßt sich der Sinn des Umziehens zur Bewegungsstunde viel besser klar machen, wenn den Kindern schon einmal so richtig heiß geworden ist oder sie durch ihre Schuhe nicht spüren können, ob der Untergrund weich, hart, warm oder kalt ist. Kinder können in der Regel sehr logisch und folgerichtig denken!

Und noch ein Tip:
Es spart sehr viel Ärger und Verdruß, wenn man den Kindern von Anfang an zeigt, wie die Sachen richtig herumgedreht werden. Einmal sollte ausprobiert werden, sich aus einem wüsten Haufen Klamotten anzuziehen und dann von einem der Reihe nach geordneten. Auch das sieht jedes Kind ein – jedenfalls beim Turnen – zu Hause sieht das alles anders aus!

6. I C H – Mein Körper

Den Raum und die Einrichtung kennen nun alle. Die Neugier ist schon etwas befriedigt und der Kindergarten ist zum gewohnten Lebensbereich geworden. Jetzt steht das einzelne Kind im Vordergrund:

Wer bin ich – wie sehe ich aus – worin unterscheide ich mich von anderen?
Diese Fragen sind Grundlage für die nächste Bewegungszeit.

Ich habe mir bereitgelegt:

– Tapetenrollen
– Fingerfarbe
– Ölkreide
– Scheren
– Wäscheleine
– Klammern

Auf die ausgerollte Tapete legt sich ein Kind nach dem anderen (vielleicht auch, während die anderen noch frei spielen können) und ich male die Umrisse des Kindes ab. Dann wird das Ganze ausgeschnitten. Wenn alle fertig sind, sehen wir uns die „Rohlinge" an und stellen fest, daß man sie kaum unterscheiden kann. Die Größen- und Umriß-Unterschiede sind nicht so deutlich. Eines nach dem anderen wird betrachtet. Die Kinder sagen, welche Haarfarbe, Augenfarbe sie sehen und malen sie auf. Eventuell ist es besser, wenn der Erwachsene dieses übernimmt, damit alles deutlicher wird. Danach kann jedes Kind seine Kleidung hineinmalen. Wenn ein Kind fertig ist, wird „es" auf eine Wäscheleine an der Wand aufgehängt. Die ganze Malaktion wird sicher ca. 2 Tage in Anspruch nehmen.

Wir üben das Lied: „Zeigt her eure Füße..." und ich erzähle den Kindern, daß wir nun in der nächsten Zeit dieses Lied immer wieder neu erfinden und dazu turnen werden, denn alles, was zu unserem Körper gehört, kann sich besonders „bewegen" und hat ganz bestimmte Aufgaben – und die wollen wir gemeinsam entdecken.

6.1 Die Füße

„Zeigt her eure Füße, ja, zeigt sie nur her!
Ihr könnt darauf stehen, doch auch noch viel mehr ..."

Wir setzen uns auf den Boden und das Lied geht (so gut wie
möglich) weiter:
„So dreht sie, so dreht sie, ja dreht sie geschwind. Das ist ja nicht
schwer, das kann jedes Kind..." die Füße kreisen links und rechts
herum.

Wir stehen auf und singen weiter: „ Nun hüpft mal ein bißchen,
und hüpft immer mehr! Das kann jedes Kind, das ist gar nicht
schwer..."
Ich lege den Finger an den Mund und singe ganz leise:
„Jetzt schleichen wir leise und machen die Reise quer durch den
Raum. Wir schleichen und schleichen, man hört uns kaum..."

Da jetzt alle aufmerksam geworden sind, frage ich, wie man denn
noch gehen kann. Den Kindern fällt noch einiges ein – auf den
Fersen, auf den Ballen, im Entengang, auf einem Bein... Wenn
die Phantasie erschöpft ist, können die Füße auch noch „arbeiten".

Eine Kiste steht bereit mit Sand-, Bohnen- oder Reissäckchen,
die nette Eltern aus einfachen Waschhandschuhen selber herge-
stellt haben. Außerdem braucht man ein Tau und pro 3 Kinder
einen Gymnastikreifen für das „Programm".

Wir sitzen im Kreis. Die Säckchen werden in die Mitte gekippt
und jedes Kind darf sich eines mit den Füßen holen. Zuerst:
– irgendwie, dann
– könnt ihr es mit den Zehen greifen?

– mit beiden Füßen hochwerfen?
– von einem Fuß auf den anderen fallen lassen?
– was fällt euch noch ein?

Wenn keine Vorschläge mehr kommen, werden die Säckchen mit den Füßen wieder in die Kiste gelegt.

6.2 Staubtücher

Um mehr Bewegung zu bieten, eignen sich auch Staubtücher gut. Sie kann man einfach in die Gruppe werfen, und fragen, ob die Kinder damit „Schlittschuh-Laufen" können – und ob sie können! Es geht kreuz und quer durch den Raum, bis ich mit einem Reifen ein Kind nach dem anderen so einfange, daß sich Dreiergruppen bilden.

Die Kinder können nun probieren, ob sie auf dem Reifenrand balancieren können, rein und raus hüpfen, drum herumlaufen – sie werden sich gegenseitig animieren. Nach und nach nehme ich, bis auf einen Reifen, alle weg und alle Füße sollen in dem einen Reifen Platz finden (die Kinder sitzen – oder stehen?).

Damit geht das erste Füße-Kapitel zu Ende. Vielleicht auch schon früher, weil den Kindern etwas so viel Spaß gemacht hat, daß sie damit weitermachen möchten. Dann sollen sie. Nichts ist schöner, als wenn die Kinder eigene Initiative ergreifen und die Inhalte einer Stunde selber gestalten. Das ist ohnehin das Schwierigste für diese Art des Bewegungsangebotes:

Die Dosierung im Auge zu behalten, es laufen zu lassen, wenn es läuft – aber noch weitere Anregungen parat zu haben, wenn nichts läuft – kurz: flexibel zu sein!

6.3 Noch einmal Füße

Wieder beginnen wir mit dem Lied und setzen uns danach zum Kreis zusammen, damit wir uns unterhalten können. Ich frage, was wir schon alles mit den Füßen gemacht haben, ob das schwer oder leicht war. Erst nach diesem kleinen Gespräch bauen wir zusammen auf:
– 1 Tisch und daran
– 1 Bank oder/und 1 Leiter
– 1 Matte vor den Tisch.

Wir probieren alles aus: Auf den Tisch klettern – über die Schräge rutschen (bzw. klettern) auf dem Bauch, dem Rücken, Po...
Dann von der anderen Seite: Die Schräge hoch, über den Tisch und auf die Matte springen, abrollen usw.
Das können die Kinder eine Weile sogar allein tun.

In dieser Zeit lege ich an der Wand entlang einen Füße-Fühl-Weg:
– Teppichfliesen
– Linoleumplatte, Holzplatte
– Schaumstoff
– Sisalabtreter, Gummiabtreter
– Frottee-Tuch
– 1 flache Kiste mit Kies/Sand/Gras o. ä.
– 1 flache Kiste mit Korken usw.
– Nach und nach können die Kinder den Weg zum „Turngerät" nun über den Fühlweg zurücklegen. Sicher werden die Kinder sagen, was sich für sie gut oder unangenehm anfühlt!

Zum Abschluß setzen wir uns wieder zum Kreis und jedes Kind bekommt einen Bogen Papier und sucht sich eine Ölkreide aus dem Kasten:
– Die Fußumrisse werden abgemalt. Ich schreibe die Namen hinein.
– Und dann versucht jeder, zunächst den linken und dann den rechten Strumpf wieder anzuziehen.

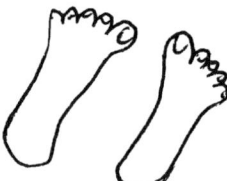

6.4 Die Beine

„Zeigt her eure Beine, ja zeigt sie nur her!
ihr könnt damit gehen und auch noch viel mehr.
Ja, beugt sie und beugt sie und beugt sie noch mehr!
Das kann jedes Kind, es ist gar nicht schwer!"

Was machen wir alles mit den Beinen?
Alles, was die Kinder als Antwort nennen, wird auch ausprobiert.
Die jeweiligen Probezeiten steuere ich wieder mit der Handtrommel:
– Knie beugen, hinsetzen, aufstehen – immer im Wechsel
– verschiedene Sprünge und Hüpfer.
Es macht viel Freude zu sehen, wie unterschiedlich die Kinder
auf ein und dasselbe Trommelsignal ihre Bewegungen ausführen.

Hier läßt sich schon einmal ein Staffelspiel einfügen:

Alle stehen hintereinander und grätschen die Beine. Ein Kind
nach dem anderen rutscht durch diesen Tunnel. Auch hierbei ist
der Erfindungsfreude der Kinder Rechnung zu tragen. Bei der
letzten Runde kommt das jeweils durchgekrabbelte Kind zu mir,
denn ich sitze so, daß dann ein Kreis entstehen kann.

Wir spielen zum Abschluß das den Kindern schon bekannte Spiel:
Alle Vögel fliegen hoch! – Natürlich abgewandelt:
– Alle Beine fliegen hoch und als 2. Schwierigkeitsstufe dürfen
  auch die Hände hochfliegen. Ganz schön schwer!

Zum „Tschüß-Sagen" rutscht der Kreis so eng zusammen, daß
alle Füße sich berühren können und dann noch weiter zusammen,
die Beine hoch und die Füße zusammen – so entsteht eine
Pyramide. Dann rufen wir: „uuuuuund Tschüß!" bei Tschüß fallen alle Beine runter und es ist Schluß.

6.5 Der Rücken und der Po

„Zeigt her euren Rücken, zeigt her euren Po.
Man sitzt darauf gerade und auch einmal so –.
Wir sitzen, wir sitzen, wir sitzen rund und hoch."

Wie können wir uns noch mit dem Po bewegen?
Auf dem Fußboden:
– Vorwärts und rückwärts rutschen
– sich drehen wie ein Karussell
– auf dem Bauch liegend mit den Händen oder sogar den Fersen
  auf den Po klopfen
– durch den Raum krabbeln und immer beim Vorbeikommen
  dem anderen auf den Po klopfen
– dann lege ich jedem Kind ein Säckchen auf den Po. Das soll
  nicht 'runter fallen! Aber nach einiger Zeit soll es, und zwar
  durch Po-Wackeln abgeschüttelt werden.

Zum Ausruhen legen wir uns mit ganz geradem Rücken auf den
Boden und versuchen, ein „Loch in den Boden" zu drücken.
„Wie heißen denn diese Knochen da am Rücken? ...
Könnt ihr auch eine Brücke machen, aber zuerst so, daß der Kopf
und der Po noch am Boden sind? – Und nun auch mit den Füßen
und den Händen?
Jetzt werden ihr wie ein Igel rund und klein –."

Um diese kleine Gymnastik etwas auszudehnen, setze ich wieder
die Handtrommel ein und verabrede:
– wenn ich auf die Trommel klopfe, werdet ihr ein Igel
– wenn ich auf der Trommel reibe, werdet ihr lang wie ein
  Regenwurm.

Wenn sie zum Schluß rund dasitzen, sind
das alles Päckchen und ich bin der Postbo-
te und will jedes Paket zu seinem Stuhl
tragen. Es darf aber nicht aufgehen! So
müssen die Kinder ihre Beine fest mit den
Armen umschlossen halten, bis sie auf ihrem Stuhl sind.

6.6 Der Bauch

„Zeigt her euren Bauch, ja zeigt ihn nur her!
Er ist in der Mitte. Man findet ihn nicht schwer."

Ich fordere die Kinder auf, die Hände auf den Bauch zu legen und mal auszuprobieren, wann er hart und wann er weich ist, wie dick und wie dünn man ihn machen kann.

Wir legen uns auf den Rücken, die Hände auf den Bauch und
– heben den Kopf, die Beine, Kopf und Füße hoch und prüfen dabei wie sich der Bauch verändert.

Wir legen uns auf den Bauch und
– versuchen ihn so dick zu machen, daß er ein Loch in den Boden drücken kann
– wir ziehen den Bauch so ein, daß nun die Hände zwischen Bauch und Boden passen.

Wir drehen uns wieder auf den Rücken
– die Füße werden angestellt, der Kopf liegt am Boden. Wer kann seine Ohren zwischen die Knie klemmen? Geht das auch ohne Hände?

Wir laufen mit dem Bauch nach oben auf den Händen und Füßen durcheinander wie die Krebse. Nach und nach lege ich jedem Kind ein Säckchen auf den Bauch, das es nur mit dem Bauch abschütteln soll. Auch zum Weglegen in die Kiste soll es auf dem Bauch getragen werden.
– Könnt ihr es auch ohne Hände hineinwerfen?

Wie bei allen Stundenabschlüssen ergibt sich auch hier ein Gespräch darüber, wie wichtig die Muskeln sind. Man kann sehr gut klarmachen: Schlapper Bauch – krummer Rücken. Man ist längst nicht so groß, wie man sein könnte!

6.7 Die Hände

„Zeigt her eure Hände, ja zeigt sie nur her.
Sie können gut greifen und noch so viel mehr.
Sie greifen, sie greifen, sie greifen die Luft –
Sie klatschen, sie klatschen, sie klatschen ganz laut.

Sie winken, sie winken, sie winken ganz doll –
Sie streicheln, sie streicheln, sie streicheln ganz zart."

Für diese Stunde brauchen wir für jedes Kind mindestens 4 Blatt
Papier:
- jedes Kind nimmt sich ein Blatt und alle laufen zur Musik
  durch den Raum und halten das Papier wie eine Fahne – mal
  in der rechten und mal in der linken Hand, hoch über den
  Kopf.

Wenn die Musik stoppt
- setzen sich alle auf den Boden und legen das Blatt auf die
  ausgestreckten Beine auf die ausgestreckten Oberschenkel,
  und jetzt machen wir PAPIERMUSIK:

- Wie hört es sich an, wenn nur ein Finger auf das Papier tippt,
- wenn alle Finger klopfen?
- Eine Hand reibt auf dem Papier
- Beide Hände reiben
- Mit einer Hand den Bogen wedeln – hoch über dem Kopf
- Mit zwei Händen das Papier rauf und runter wedeln

„Hättet ihr gedacht, daß Papier so laut sein kann?"
Jetzt knüllen wir es ganz fest zusammen und haben einen Pa-
pierball, den können wir werfen und fangen und ganz vorsichtig
wieder auseinander machen und das Papier glattstreichen:
- Wieder wedeln wir mit dem Bogen. Aber was ist das? Er macht
  ja gar keinen Krach mehr!
- Dann können wir ihn ja zerreißen und in Schneeflocken (oder
  der jeweiligen Jahreszeit angepaßt Blütenblätter, Blätter ...)
  verwandeln und die Flocken ganz hoch werfen.
- Zur Musik laufen und rutschen wir dann durch den Schnee
- man kann sich darin herum rollen
- man kann sich damit bewerfen
- und es immer wieder schneien lassen, bis
- der Schneeräumer kommt (das bin ich mit einem Karton, den
  ich vor mir herschiebe und alle Kinder können den Schnee
  hineinräumen).

6.7.1 Mit Papier und Phantasie

Das Papier liegt wieder auf den Oberschenkeln und ich rege durch diese kleine Erzählung zum Hantieren an:

„Es ist ein schöner Sommertag. Wir sitzen auf der Wiese. Die Sonne scheint so stark, daß unser Kopf viel zu heiß wird und wir Schatten brauchen... (der Bauch, die Beine, die Füße...).

Da kommt eine dunkle Wolke und es wird ganz windig ...
und die ersten Regentropfen fallen auf das Papier ...
immer stärker regnet es ...
bis es nur noch rauscht ...
dann donnert es ...
langsam wird der Regen weniger – hört auf
die Sonne kommt wieder heraus und wir legen uns auf unser „Handtuch" und trocknen in der Sonne ..."
Zum Abschluß bekommt jedes Kind ein neues Blatt, legt eine Hand darauf und malt sie mit einem Stift ab.

Als Ergänzung zu dieser Einheit bieten sich alle Fühl- und Fingerspiele an, angefangen bei „Das ist der Daumen..." bis hin zum „Gegenstände in einem Fühlsack" erraten.

6.8 Die Arme

„Zeigt her eure Arme, ja zeigt sie nur her.
Ihr könnt damit schlenkern und noch so viel mehr.
Wir schlenkern, wir schlenkern, wir schlenkern hin und her.
Wir kreisen, wir kreisen, wir kreisen immer mehr."

- Mit den Armen können wir tragen, z.B. die Stühle ... was noch?
- Wir spielen zu zweit Schubkarre. Dabei sollte man darauf achten, daß das tragende Kind die Beine des anderen an den Oberschenkeln anfaßt, also zwischen die Beine geht. So ist es leichter zu tragen und die Schubkarre hängt nicht im Hohlkreuz durch.
- Auch hüpfen wie die Fröschen können alle
- und einen Zappel-Handstand?

Zu allen Anregungen lasse ich viel Zeit zum Ausprobieren, um dann einen Kreistanz nach der Musik von Fidula fon „Ei Müller, deine Mühl'..." einzuführen.

Wir bilden einen Kreis und hören die Musik und den Text, während wir uns nur hin- und herschaukeln.
Beim zweiten Durchgang fassen wir uns an den Händen und schwingen die Arme.
Beim dritten Durchgang fassen wir uns auch an den Händen und schwingen, zu „deine Mühl, deine Mühl geht so schnelle" lassen wir uns los und lassen die Arme wie die Mühlenflügel kreisen.

6.9 Der Kopf

„Zeigt her euren Kopf, ja zeigt ihn nur her.
Er sitzt auf dem Hals und ist oft gar schwer.
Wir nicken, wir nicken, wir sagen ja – ja – ja!
Wir schütteln, wir schütteln, wir sagen nein – nein – nein!

In Afrika tragen die Menschen sogar mit dem Kopf ganz schwere Sachen.
– Ob ihr wenigstens das Turnsäckchen tragen könnt, ohne daß es herunterfällt?

- Mit Luftballons und Bällen probieren wir aus, was man mit dem Kopf kann:
- Luftballons mit dem Kopf in der Luft halten
- zwei Kinder gehen mit einem Luftballon zwischen den Köpfen
- das alles ist mit einem Ball schwerer!
- aber einen Ball kann man mit dem Kopf rollen, wenn man krabbelt wie ein Hund!

Wir falten aus einem Zeitungsbogen einen Hut und los geht's zur Musik:
- Wir bewegen uns, solange die Musik spielt
- bei Stop wechseln wir die Hüte.

Zum Kopf gehört ja mein Gesicht – es kann fröhlich aussehen oder traurig, lustig oder ernst. Wir können einen Grimassentanz veranstalten:

Grimassentanz

Zur Musik laufen bzw. tanzen alle Kinder um den Zauberer herum (zuerst ich, dann auch ein Kind). Zwischendurch tippe ich immer wieder ein Kind mit meinem Zauberstab an. Es muß stehen bleiben und eine Grimasse schneiden, die dann alle Kinder nachmachen und weitertanzen, bis die nächste Verzauberung passiert.

Zum Schluß malen alle ihr Gesicht auf ein Blatt Papier.

6.10 Die Augen

„Zeigt her eure Augen, ja schaut euch nur an.
Ihr könnt damit sehen, das weiß doch jedermann.
Wir zwinkern, wir zwinkern, wir zwinkern uns lustig zu."

Und damit sind wir schon mitten im Spiel „Zublinzeln".

Alle stehen im Kreis. Wie bei „Mein rechter Platz ist leer ..."
bleibt neben einem Kind eine Lücke. Das Kind darf sich nun
einen Nachbarn herblinzeln.

Diese einfache Form kann später besser zu dem bekannten Spiel
überleiten, bei dem zwei Kinder hintereinander stehen und der
vordere weggeblinzelt werden soll, während der hintere Spieler
ihn hindern soll.

– Könnt ihr auch mit geschlossenen Augen durcheinander im
Raum herumgehen, wenn ich auf der Trommel schlage?
– Mit Springseilen werden Straßen gelegt und die Augen suchen
den Weg durch den Raum.
– Ich sehe was, was du nicht siehst:
Dieses Spiel kann zum „Turnen" auch gut abgewandelt wer-
den, indem man nicht nur Farben sehen soll, sondern in wel-
cher „Form" jemand steht: auf einem Bein, Hände nach oben,
Kopf nach unten usw...

Zum Schluß wird wieder ein Gesicht gemalt, aber dieses Mal soll
jedes Kind ein anderes malen und dabei genau hinsehen, welche
Farbe die Augen des anderen haben.

6.11 Die Ohren

„Zeigt her eure Ohren, ja zeigt sie nur her.
Ihr könnt damit hören, doch das ist oft schwer!
Wir hören, wir hören, wir hören gut zu –
wir halten, wir halten, wir halten die Ohren fest zu!"

Alle sitzen auf dem Boden, schließen die Augen und lauschen. Ich
habe eine Trommel und klopfe abwechselnd laut und leise. Die
Kinder sollen nicht sprechen, sondern sich bei „leise" die Ohren
zuhalten und bei „laut" die Arme hochnehmen.

Um die Anspannung etwas zu lockern, verabreden wir danach:
- leise trommeln = flüstern
- normal trommeln = reden
- laut trommeln = schreien
Als Signal für eine Veränderung halte ich die Trommel hoch.

Spannend wird es, wenn ich meine Ratekiste in die Mitte des Kreises hole. Darin sind:
- Luftballons
- Papier
- Drahtbürste
- Plastikflasche mit Holzperle
- leere Fanta-Dose.

Die Kinder sitzen nun mit dem Rücken zur Kreismitte und dürfen nicht über die Schulter sehen. Dann mache ich nacheinander mit den genannten Gegenständen alle möglichen Geräusche, die die Kinder erraten sollen. Sicher möchte das jedes Kind auch einmal probieren...

- Könnt ihr euch zu den Geräuschen auch bewegen?

Jedes Kind sucht sich etwas aus und läuft damit herum, wenn es nicht mehr möchte, tauscht es mit einem anderen Kind das „Instrument".

6.12 Die Nase – der Mund

„Zeigt her eure Nase, und zeigt euren Mund!
Sie sind im Gesicht und das ist kullerrund.
Wir riechen, wir riechen, wir riechen immerzu –
Wir schmecken, wir schmecken, wir schmecken allerlei."

Zur Trommel sollen die Kinder heute mal laufen und sich dabei die Nase zuhalten.
– Geht das gut?
Beim nächsten Mal müssen sie auch den Mund fest geschlossen halten!
Sie merken nun, daß sie das nicht lange können. Wir können uns also darüber unterhalten, wie man richtig atmet und probieren das mit „lautem Atmen":

– einatmen durch die Nase
– ausatmen durch den Mund – mit Ton!

Wenn alle Kinder sich zum Kreis auf den Bauch gelegt haben, lasse ich Kosmetik-Wattekugeln in den Kreis schneien und wir können wie ein Sturm pusten.

Auf einem Tisch habe ich verschiedene Gläser mit Riechproben bereitgestellt:

– Augen zu und riechen und raten
– Augen zu und mit dem Finger hineintauchen und schmecken und raten!

6.13 Abschluß

Durch alle Stunden begleitete uns das Tapetenkind. Jetzt sehen wir es uns noch einmal an und können nun das ganze Lied zusammenfügen und dabei immer die Körperteile an dem Tapetenkind zeigen oder auch neu bemalen. Dann wird es von der Wäscheleine geholt und darf mit nach Hause genommen werden.

Die Kinder haben sich nun intensiv kennengelernt. Wir haben uns über Körper, Gesundheit und Krankheit unterhalten können. Jetzt kann ich mit dem nächsten Schritt auf die „Gruppe" eingehen.

Bei dieser Gelegenheit möchte ich noch einmal den Vorteil der Bewegungsstunden im Kindergarten hervorheben. Da man sich jeden Tag sieht, kann über alles gesprochen werden. Das „Turnen" ist nichts Besonderes, sondern wird zum Inhalt des Tages. Die Angebote können so individuell dosiert werden, daß kein Kind frustriert werden muß, etwas nicht zu können. Allerdings sollte man sich auch davor hüten, pauschal zu loben.

Kinder wissen genau, wann sie tatsächlich etwas besonders gut oder auch mal nicht so gut gemacht haben!

Durch diese Bewegungsstunde „begreifen" sich die Kinder und ihre Umwelt bewußt und doch wie nebenbei: spielerisch und wörtlich.

7. Die Gruppe

Den üblichen Begriff der Gruppenfindung möchte ich nur unter Vorbehalt benutzen. Ich meine, daß es erstrebenswerter ist, wenn sich die Kinder durch das enge Miteinander in der Bewegungsstunde spielerisch aneinander gewöhnen, sich kennenlernen und in Schwächen wie Stärken akzeptieren.

So können Freundschaften entstehen und vielleicht Cliquen vermieden werden. Aus dem gleichen Grund bin ich auch gegen Spiele, die Parteien gegeneinander austragen müssen. In solchen Spielen gelten Regeln, die nicht Rücksicht auf die Schwächeren nehmen, sondern das Recht des Stärkeren gilt. Trotzdem habe ich auch zwei Wettkampf-Stunden aufgenommen, um deutlich zu machen, wie wichtig dabei das Gespräch mit den Kindern ist.

Die Gruppen-Phase habe ich mit der

7.1 Karton-Welt

begonnen. Für den Start bringt jedes Kind zwei große, stabile Kartons mit. Der Gruppenraum wird so umgeräumt, daß die eine Hälfte für die Kartons mit Tesaband abgegrenzt werden kann. Einige Wochen werden die Kartons zu unserer Einrichtung gehören. Sie können Kuschelecke und Toben miteinander vereinen, denn zwei Kartons pro Kind bedeutet:

– Einen Karton bemalt und kennzeichnet jedes Kind als sein Eigentum
– Einen Karton malt es auch an, aber er gehört allen.

Daraus ergibt sich schon die erste Regel für unsere Karton-Welt:

Aus dem eigenen Karton darf niemand vertrieben werden und auch kein anderes Kind ohne Erlaubnis hinein. Alle anderen Kartons gehören allen und alle achten darauf, daß sie nicht zerstört werden.

7.2 Die erste Karton-Stunde

Zu dieser Stunde wird der ganze Raum genutzt:

- alle Kartons im Raum verteilen und zur Handtrommel in der Kartonstadt herumlaufen, hüpfen usw....
- Steigerung: Ich rufe die Zahlen 2 oder 3, und die Kinder sollen dann zu zweit oder dritt laufen – also erste Absprachen treffen
- einzeln bei Trommelpause in einen Karton steigen
- nur die Füße, die Hände, den Kopf in den Karton
- einen Karton herumtragen
- auf dem Kopf tragen
- hinter dem Rücken tragen
- die Kartons werden Autos: ein Kind sitzt darin, ein Kind schiebt
- die Kartons werden Häuser: ein Kind wohnt darin, ein Kind kommt zu Besuch.

Der Karton wird zur Trommel:

- Die Kinder sitzen im Schneidersitz, der Karton steht umgedreht davor und wir können das Regenlied lernen:

„Regen, Regen tropf, tropf, tropf" – mit den Fingern auf dem Karton „tropfen"
„Fall auf meinen Kopf, Kopf, Kopf" – die Finger „tropfen auf dem Kopf"
„Fall auf meine Hand, Hand, Hand" – die Finger „tropfen" auf der Hand
„Fall durch's ganze weite Land" – die Kinder verstecken sich unter dem Karton, um nicht naß zu werden.

Diese Stunde geht fast nahtlos in die Malstunde über. Jedes Kind bemalt zuerst seinen Karton, dann den anderen. – Wer mag wohl schon zusammen einen Karton bemalen?

Wenn ich bemerke, daß untereinander Absprachen getroffen sind, lasse ich eine ruhige Musik zur Untermalung laufen, was die Kinder beruhigt.

7.3 Die zweite Stunde: Wir bauen eine Stadt – mein Haus – dein Haus

Musik: Kassette „1, 2, 3 im Sauseschritt"

Zunächst werden die Kartons so aufgebaut, daß Straßen gebildet werden und die Kinder gehen zur Musik durch die Straßen und in den Pausen in ihr Haus.

Dann unterhalten wir uns, welche verschiedenen Häuser es im Ort gibt:

– Einfamilien-, Mehrfamilienhäuser
– Hotels, Gaststätten
– Geschäfte
– Schule, Kindergarten
– Kirche usw.

Die Kinder äußern bald Wünsche, in welchem Haus sie wohnen wollen, was der zweite Karton sein soll. Und dann „leben" sie in ihren Häusern:

– nachts schlafen alle
– morgens recken, aufstehen, frühstücken
– zur Arbeit, zum Einkaufen, sauber machen
– nachmittags Besuch beim Nachbarn oder Freund
– abends „Gemütlichkeit".

Dabei bleibt viel Raum zum Miteinanderreden.

Das ist keine „Turnstunde", aber nötig, um die Kartonstadt zur festen Einrichtung für die nächste Zeit zu machen. Sie sollte dann maximal die Hälfte des Raumes einnehmen und darf immer als Rückzugsort benutzt werden. Die einzige Regel ist allerdings, daß jedes Kind mitspielen darf, aber akzeptieren muß, wenn eines allein sein will.

Wenn sich zwei Kinder gefunden hatten, habe ich oft beobachtet, daß dann ein drittes sich zunächst in einem nahen Karton verkroch und von dort die beiden beobachtete. Fast unmerklich rutschte es dann mit seinem Karton in das Tun hinein. Manchmal passierte es auch, daß ein „Kasper" alle Aufmerksamkeit auf sich ziehen wollte und das Spiel störte. Wenn dann nicht von den Kindern der Hinweis auf die Regel kam, habe ich das getan.

Den Abschluß muß man danach mit viel Einfühlungsvermögen finden, denn gern trennen sich die Kinder nicht von ihrem Haus. Es bietet sich an, eine „Reise" zu machen und die Kinder aus dem Haus zu locken mit dem Lied:

„Auf der Eisenbahn steht ein schwarzer Mann,
schiebt die Kohlen an, daß sie fahren kann.
Kinderlein, Kinderlein, hängt euch dran –
wir fahren mit der Eisenbahn."

Durch die Kartonstadt, die wohl für zwei bis drei Wochen bleiben wird, ist der Raum zum Bewegen enger geworden. Es bietet sich daher an, Musikspiele und Tänze oder kleine Kreisspiele einzuführen.

Es ist für mich immer wieder erstaunlich, wie geschickt sich die Kinder zur Musik auf kleinster Fläche bewegen können – und Musik ist Ansporn zum gemeinsamen Tun.

7.4 Mit Springseilen

Musik: Fidula fon „Bitte gib ein Zuckerstückchen..."

Die Musik teilt sich sehr deutlich in einen Text- und einen Melodie-Teil. Mit diesem Lied kann ich alle drei Teile der Stunde ausschmücken.

A) Aufwärmen
   Alle laufen zur Musik kreuz und quer durch den Raum, wenn gesungen wird.
   Wenn nur die Musik spielt, lauft ihr auf der Stelle (Frage: Was macht ihr noch? – Klatschen, stampfen, drehen, hüpfen usw.).

B) Jedes Kind bekommt ein Springseil und bewegt sich damit (ohne Musik, damit die Kinder auch darüber reden können). Frage: Was kann dein Seil? – Hinterher ziehen, schlängeln, drehen – die Kinder experimentieren. Natürlich ist es mir auch passiert, daß sie mich fesseln wollten – und alle Kinder sich auf mich stürzten!

Anregungen: jeder baut um sich einen Zaun und stellt sich in seinen Garten. Passen auch zwei, drei hinein?

Wenn zwei Kinder zusammen einen Garten bauen, wird er größer – wie viele Kinder passen nun hinein?

Aus allen Gärten wird ein großer mit vielen Wegen. Alle Kinder bauen gemeinsam. Wir müssen uns nur noch einigen, ob die Straßen aus einem Strich oder aus zwei Strichen bestehen sollen. Dabei kann sogar die Erkenntnis kommen, daß man bei einem Strich mehr Straße bekommt! Wenn der Bau fertig ist, stelle ich die Musik wieder an:

C) Die Kinder gehen nun zum Text neben den Seilen und zur Musik balancieren sie auf den Seilen – Variationen: Krabbeln, schleichen, auf Zehenspitzen bzw. Ballen, auf Fersen gehen.

Wenn die Musik zu Ende ist, hängt mir jedes Kind sein Seil über den Arm.

7.5 Eine Tanzform erarbeiten

Musik: Fidula fon „Tanz Maruschka (Werft'n Heller auf den runden Teller)"

Auch hier sind – wie bei fast allen Fidula fon-Kindertänzen – klare Unterschiede herauszuhören: Musik- und Gesangsteil. Da ich der Meinung bin, daß Musik und Tanz „erlebt" werden müssen, lasse ich zu Beginn feste Formen weg. Die Kinder bewegen sich nach ihrem Empfinden zur Musik durch den Raum. Erst nach einer Eingewöhnungsphase gebe ich die erste Anregung: „Zum Singen geht oder bewegt euch anders als zur Musik."

Um die Aufmerksamkeit zu erhöhen, stelle ich nach kurzen Abschnitten die Musik ab und frage, ob die Kinder hören konnten: Wie heißt das Mädchen? Was werfen sie auf einen Teller? Was soll das Mädchen tun? – Erst danach fordere ich auf, zur Musik zu klatschen oder zu stampfen und zum Gesang mitzusingen „Lalala...". Jetzt kennen wir unsere Tanzmusik schon recht gut und wagen die erste „Tanzform".

Wir fassen uns zum Kreis und gehen zum Text jeweils nach links oder rechts. Zur Musik kann ein Kind in die Mitte gehen und zeigen, was alle tun sollen: klatschen, stampfen, sich drehen...

Wenn dieser Tanz in der nächsten Zeit jeweils am Ende einer Stunde angeboten wird, werden wir sicher noch zu weiteren Formen finden, z. B. paarweise zu tanzen.

Gern haben die Kinder anschließend Maruschka gemalt, während ich ihnen erzählte, daß Maruschka die Koseform von Maria ist und es ein Mädchen aus der ungarischen Pußta ist. Vielleicht hat man auch Bilder von der Landschaft oder Trachten – und schon geht wieder die Bewegungsstunde nahtlos in „Allgemeinwissen" über.

7.6 Mit Tüchern – Des Kaisers neue Kleider

Zu dieser Stunde werden gebraucht:

– Tücher aller Art
– Bettlaken
– Schals
– Krawatten
– Tischdecken
– Kopftücher
– Chiffontücher
– Wolldecken usw.

Zum Beginn erzähle ich das Märchen von „Des Kaisers neue Kleider" und wandele den Schluß ab „... und weil der Kaiser sich so ärgerte, daß man über ihn gelacht hat, ließ er alle Kleider einsammeln, so daß die Leute keine mehr hatten. Es gab nur noch lauter Tücher. Aber diese Leute waren ja nicht dumm und ließen sich etwas einfallen... Ihr könnt das sicher auch."

Am besten ist es, wenn sich nun drei bis fünf Kinder zusammenfinden, um sich gegenseitig auszustaffieren. Danach beginnt die große Modenschau über die zusammen geschobenen Tische als Laufsteg.

Wieder scheint es kein „Turnen" zu sein. Hier ist aber durchaus Grob- und Feinmotorik gefragt. Außerdem können die Kinder so erst einmal ihre Neugier und Spiel- und Experimentierlust ausleben, um dann in der nächsten Stunde konzentrierter zu sein.

7.7 Der Zauberberg

Alle bekannten Tücher und Decken habe ich in die Gemein-schaftskartons sortiert und übereinander gestellt und unter ei-nem großen Tuch (4 zusammengenähte Bettlaken) versteckt.

Ich erkläre den Kindern, daß es dieses Mal nicht ums Verkleiden geht und setze einen „Zauberhut" auf. „Simsalabim" Alle Kinder sind nun Hunde (Katzen, Vögel usw...) und umkreisen den Zau-berberg.

Nachdem einige Verwandlungen passiert sind, werden sie zu „neugierigen Zauberkindern" verzaubert und dürfen unter die große Decke, um die Kartons zu erobern. Wieder muß man Zeit lassen!

„Simsalabim" alle Decken sind Autos...
Ich gebe nur einen Anstoß und den Kindern fallen alle möglichen Fahrzeuge ein, die sie dann spielen:

– Autobus: Ein Busfahrer fährt mit auf der Decke sitzenden Kindern oder
– alle krabbeln unter die Decke und laufen als Bus durch den Raum
– wenn ich meinen Zauberhut abnehme, verschwinden alle Dek-ken wieder in den Kartons.

Hut wieder auf! Und Handtücher und kleine Tücher werden verzaubert

– Rollschuhe
– Schlittschuhe
– Skier

Probierphase – Hut ab – Zauber weg.

Hut wieder auf! Und die Chiffontücher und Krawatten werden verzaubert zu

– Flügeln für Vögel
– für Schmetterlinge
– für Flugzeuge usw.

Sie fliegen durch den Raum, machen Pause im Nest, verstecken die Köpfe unter den Flügeln usw. – Hut ab – Zauber weg!

Diese Stunde (eine reicht meistens nicht!) bietet viele Möglichkeiten zu gemeinsamer Ideen-Entfaltung, aber auch zu Einzelaktionen – und Anregungen zum Malen in der dann folgenden „Freibeschäftigung".

Diese bewegten Erlebnisse bestimmen oft den weiteren Ablauf, auch in der Bauecke, im Sandkasten, mit der Verkleidungskiste und vor allem in der Malecke.

8. Streit austragen – Kräfte messen

Mittlerweile kennen sich die Kinder der Gruppe schon recht gut. Sie wissen etwas von dem oder der anderen – auch was er oder sie kann, nicht oder besser kann. Ein Kräftemessen und Ausprobieren, auch mancher Streit entsteht und gehört zur Entwicklung. Aber auch das muß gelernt sein! Durch eigene Beobachtung habe ich festgestellt, wo jedes Kind seine speziellen Fähigkeiten oder Stärken und Schwächen hat. So nutze ich konkrete Situationen zum Gespräch und Einstieg für die folgenden Spiele.

Eine Situation könnte gewesen sein:
Ein Kind baut ganz versunken und intensiv, ein anderes kommt und wirft alles um. Geschrei, Wut! – Warum hat das Kind alles zerstört? Vielleicht, weil das andere Kind so gut gebaut hat und es selber es nicht so kann – also Neid? Vielleicht, weil es mitmachen wollte?

Diese Situation nutze ich. Alle Kinder haben den Streit miterlebt und sehen, daß die Bausteine verstreut herum liegen. Auf meine Frage, ob wir alle gemeinsam „aufräumen" wollen, gibt es meistens von allen Zustimmung. Das habe ich dann so organisiert:

8.1 Im Reifen bauen

Ein Reifen liegt in der Mitte. In diesem Reifen darf nun der Zerstörer bauen. Er darf aber nicht heraus und kein anderes Kind hinein. Das Kind, was gestört wurde, darf versuchen, das Bauwerk von außen zu zerstören – aber alle anderen müssen es verhindern.

Um kein Chaos entstehen zu lassen, ordne ich das Ganze mit dem Lied: „Wer will fleißige Handwerker sehn...". Die Kinder gehen dazu um die Baustelle herum und zu „Stein auf Stein..." greift sich jedes Kind einen Baustein und reicht ihn dem Kind in den Reifen.

Nun kann sich herausstellen, daß der ehemalige Zerstörer einfach nichts zustande bringt. Dann ist Vorsicht geboten! Vielleicht läßt er sich von einem Kind, daß er selber bestimmt, auch helfen – sonst muß man die Baustelle zur Gemeinschaftsarbeit freigeben.

Solche und ähnliche Situationen stehen im Mittelpunkt, wenn ich die Spiele um *Kraft und Rücksicht* einführe. Diese unterteilen sich in

- Spiele, die gegeneinander und
- Spiele, die miteinander
- sind.

Alle lassen sich gut als Schluß einer Stunde oder auch zur Konfliktlösung zwischendurch spielen – drinnen wie draußen. Ich zähle hier nur einige auf, die uns wohl allen bekannt sind. Manche Regel habe ich nur etwas abgewandelt.

8.2 Tauziehen

Im Sitzen und nur mit den Füßen oder nur mit den Händen.
Warum im Sitzen? Es ist nicht so gefährlich, verhindert große Rempeleien und beansprucht die Rückenmuskulatur stärker.
Wie? Die Kinder sitzen sich in zwei Reihen gegenüber mit ca. 1 m Abstand zum Seil (später oder wenn mehr Platz ist – auch 2 m). Auf Signal rutschen sie zum Tau und müssen nun versuchen, nur mit den Füßen (ohne Hände) oder dann mit den Händen (ohne Füße) das Tau auf ihre Seite zu bringen.

8.3 Füße oder Hände fangen

Zwischen zwei Kindern liegt ein Gymnastikreifen. Die Kinder sitzen sich gegenüber und haben nur die Füße im Reifen. Jetzt versuchen sie, gegenseitig die Füße zu berühren (Stärkung der Bauch- und Rückenmuskulatur, des Gleichgewichts).
Oder sie liegen sich auf dem Bauch gegenüber, nur die Hände sind im Reifen und sollen sich gegenseitig fangen (Rückenstrekker!).

Gern übernimmt auch ein Kind die Schiedsrichter-Funktion – vielleicht eines, was sich nicht gern berühren lassen möchte?

8.4 David und Goliath – Ringkampf

Gerade wenn das Gruppenklima irgendwie gespannt ist und Unruhe in der Luft liegt (Montag morgens), ist hier ein gutes Ventil!

Ich nenne es so, weil ich die Beobachtung gemacht habe, daß sich hierbei ein schwaches Kind freiwillig ein starkes aussucht, dem es sonst ausweichen würde. Aber unter der Kontrolle der gesamten Gruppe gelingt es oft, daß es sogar gewinnt, weil es meist geschickter oder beweglicher ist.

Wie? Der Platz des Kampfes sind eine oder zwei Matten. Alle Kinder sitzen im Schneidersitz darum und sind Ringrichter. Die beiden Kämpfer stehen sich gegenüber und sollen sich auf die Matte zwingen lassen. Wer mit dem Rücken aufliegt, ist Goliath (nicht der Verlierer!). David darf den nächsten David aussuchen.

Die Regeln „Kratzen, Beißen, Haareziehen, Treten ist verboten" zelebrieren die Kinder lautstark vor jedem Kampf.

8.5 Grimassentanz

Musik: Fidula fon „Ku-Tschi-Tschi"

Alle bewegen sich im Kreis. Auf Blickkontakt von mir (Später auch ohne Steuerung) gehen zwei Kinder in den Kreis und schneiden zu „Ku, Ku, Ku, tschi, tschi..." Grimassen, strecken die Zunge raus usw. (Den Kindern fällt genug ein, was sie eigentlich nicht dürfen!)

8.6 Garten sauber halten

Durch eine Zauberschnur wird der Raum in zwei Hälften geteilt. In jede Hälfte geht eine Gruppe Kinder. Ich habe mir vorher an die Seite Kartons mit

- Wattebällchen
- Luftballons
- Korken
- Tennisbällen
- Gymnastikbällen
- Papierknäueln

gestellt. Nun schiebe ich einen Karton in ein Spielfeld und die Kinder werfen den Inhalt in die gegenüberliegende Hälfte, den Garten. Die Gartenbesitzer müssen alles so schnell wie möglich wieder zurückwerfen. Dann schiebe ich die nächste Kiste in das

Gartenfeld – und wieder wird alles hin und her geworfen. So geht es immer im Wechsel, bis alles Material „unterwegs" ist. Bevor es aber zu chaotisch wird, nehme ich die Zauberschnur weg und rufe „nur mit den Füßen alles in den Karton für die Bälle" und dann werden die Bälle zwischen den Füßen (oder wie es den Kindern einfällt) zum Karton gebracht. Dann kommt der nächste Befehl und der nächste Karton. Auf diese Weise ist das Aufräumen und Beenden der Spielsituation verbunden mit Materialerfahrung, Sozialerfahrung und Geschicklichkeit.

8.7 Pferd und Kutscher

Zum Musikstück „Bitte gib ein Zuckerstückchen..." läuft ein Kind im Springseil als Pony, während ein Kind beide Enden als Zügel hält und lenkt. Der Führer ist auch verantwortlich, daß keine Ponys zusammenstoßen! – Wechsel nach Musik.

8.8 Alle und einer

Alle Kinder fassen sich zu einer Kette. Nur ein Kind steht davor und soll versuchen, hinter die Kette – also drumherum oder unterdurch – zu gelangen.

8.9 Steifer Mann

Ein Kind liegt stocksteif am Boden und wird von vier Kindern an Armen und Beinen getragen – im Wechsel.

8.10 Ein Haus für alle

Gymnastikreifen, für jedes Kind einen, sind die Häuser. Zu einer Musik gehen alle um die Häuser herum, bei Musikstop steht jedes Kind in einem Reifen. (Schwer ist es, immer in dem eigenen, gleichen Reifen zu stehen!) Nach und nach wird ein Reifen weggenommen. Es müssen dann alle Kinder in den übrigen Reifen Platz finden, bis in nur einem Reifen nur noch Füße oder Hände sein können.

8.11 Hase – Jäger – Busch

Das bekannte Hase-und-Jäger-Spiel, nur wird aus dem Jäger, der den Hasen gefangen hat, ein Busch. Er muß sich ganz klein in den Spielraum hocken. Der Hase wird Jäger und weiter geht es. Je mehr Büsche im Raum sind, desto schwieriger wird das Fangen. Aber es scheidet niemand aus und alle sind beteiligt.

So lassen sich viele bekannte Spiele abändern und den Kindern fallen oft auch selber neue Spielregeln ein.

9. Verkehrserziehung – Sinne schulen

Um sich sicher auf der Straße zu bewegen, sich richtig zu verhalten, angepaßt zu reagieren, sind alle Sinne wichtig.

Wenn man Kinder beobachtet, die über eine Straße gehen wollen, ist immer wieder festzustellen, daß sie lange warten und ein Auto in großer Entfernung sehen – aber sie laufen los, wenn das Auto nah herangekommen ist. Sie haben noch kein Entfernungsgefühl und können Geschwindigkeiten nicht einschätzen – weder visuell noch auditiv.

Darum lege ich in dieser Einheit den Schwerpunkt auf die Wahrnehmung, das Bewußtmachen von Sehen – Hören – Fühlen.

Dazu bieten sich viele altbekannte Kinderspiele an, die ich zunächst einfach aufzählen möchte. Sicher fallen dazu noch viele andere Beispiele ein:

1. Sehen
- Nachahmungsspiele
- Memory
- Kim-Spiele
- Ich sehe was, was du nicht siehst
- Fischer, welche Fahne weht heute
- Signale und Piktogramme umsetzen (Wohnungsspiel)

2. Hören
- Geräusche zuordnen
- laut und leise
- nah und fern
- Konzentrations- und Entspannungsspiele (Schlafender Indianer)

3. Fühlen
- Hart und weich
- angenehm und unangenehm
- rauh und glatt
- warm und kalt (Fühl-Parcours)

4. Abschätzen
– Wie groß
– wie breit
– wie lang bin ich, sind Dinge
– wie schnell (Seilschwingen, Fangspiele)
– wie viele Schritte (Mutter, wie weit darf ich reisen)

5. Seiten
– rechts – links (Computermännchen)
– Kreisspiele
– Verkehrsspiele
– beidhändiges Malen

In dieser Zeit, die kurz vor dem Einschulungstermin liegt, lege ich besonderen Wert auf Rücksichtnahme und gegenseitiges Helfen.

Zu den oben genannten fünf Schwerpunkten gebe ich nur einige, vielleicht bekannte Beispiele:

9.1 Piktogramme und Signale umsetzen – Wohnungsspiel

Ich teile den Raum durch Tesaband in vier Räume:
Kinderzimmer, Schlafzimmer, Musikzimmer, Küche. In jedes Zimmer lege ich entsprechende Gegenstände.
Kinderzimmer:
Alltagsmaterialien wie Joghurtbecher, Kartons, Bausteine, Spielautos usw.
Schlafzimmer:
Decken
Küche:
Töpfe, Rührlöffel, Puppengeschirr
Musikzimmer:
Orrfsche Instrumente

Zu einer leichten, beschwingten Musik „tanzen „ die Kinder durch die Wohnung. Ich stelle die Musik ab und halte einen Gegenstand hoch – z.B. Kochlöffel. Die Kinder versammeln sich in der Küche und dürfen so lange „kochen", bis die Musik wieder spielt. So wird es mit jedem Raum gemacht. Nur im Schlafzimmer muß es völlig ruhig sein.

Die nächste Schwierigkeitsstufe ist, wenn ich ein entsprechendes Wandbild aufhänge und bei Musikstop nur auf einen Raum zeige. Oft entwickelt sich aus diesem Spiel dann ein Rollenspiel „Vater, Mutter, Kind", was durchaus die restliche Zeit ausfüllen kann.

9.2 Hören – Geräusche zuordnen – „Schlafender Indianer"

Dieses Spiel eignet sich besonders gut zum Abschluß einer lebhaften Stunde. Aber die Kinder haben es so gern gespielt, daß genügend Zeit dafür eingeplant sein sollte.

Alle Kinder sind müde Indianer und legen sich auf den Boden zum Schlafen. Sie haben den ganzen Tag gearbeitet und waren auf der Jagd. Nun schließen sie die Augen und ruhen sich aus. – Dazu ist eine Meditationsmusik, evtl. Naturtöne, sehr gut geeignet. Wenn die Kinder zur Ruhe gekommen sind, klingt die Musik aus.

Jetzt schleiche ich mich zu einem Kind, tippe es vorsichtig an und zeige ihm, daß es nun ganz, ganz vorsichtig und leise aufstehen muß und ein anderes Kind ebenso wecken muß. Alles muß geräuschlos vonstatten gehen. Auch wenn die noch schlafenden Indianer etwas gemerkt haben, müssen sie so lange warten, bis sie angetippt werden. Wenn dann alle geweckt sind, dürfen sie einen Freuden-Indianertanz mit großem Geschrei veranstalten.

Nach der großen Konzentration ist das Hüpfen und Schreien ein richtiges Ventil.

9.3 Fühlen – Fühl-Parcours

Zusammen mit den Kindern habe ich auf große Pappen unterschiedliche Materialien geklebt:

- Schaumstoff, Watte, Plastiktüten
- glattes Papier, Sandpapier
- Sisalschnur, Wolle
- Stöckchen, Blätter
- Spiegel, Kieselsteine ...

Diese Platten werden im Raum verteilt. Zunächst probieren die Kinder mit den Händen, was sie fühlen und benennen es. Später werden die Augen geschlossen (verbinden mögen die meisten Kinder nicht) und die Schuhe und Strümpfe ausgezogen. Ein Kind führt ein anderes zu den Platten und es wird nun mit den Füßen gefühlt.

Später ordnen die Kinder die Platten – entweder Passendes oder aber Gegensätze.

9.4 Abschätzen

Das bekannte Kinderspiel „Mutter, Mutter, wie weit darf ich reisen" bietet für beide Seiten viele Anregungen. Die Mutter braucht Phantasie, um die Reiseart und Geschwindigkeit zu benennen. Der Reisende muß die Aufgaben richtig umsetzen.

Die Mutter steht mit dem Gesicht zur Wand und gibt auf die Frage eines Kindes „Wie weit darf ich reisen?" die Antwort z.B.: „Fünf Trippelschritte". Der Reisende muß diese Schritte ausführen und dabei zählen. Bei '5'dreht sich die Mutter um. Wenn der Reisende noch wackelt, muß er zurück!

In diesem Spiel ist also Abschätzen der Fähigkeiten eines Mitspielers ebenso wichtig wie Abschätzen der Geschwindigkeit seiner eigenen Bewegung. Alle anderen reisewilligen Kinder sind Kontrolleure...

9.5 Spiele mit dem Seil bzw. Tau

Um die eigene Bewegung an eine vorgegebene anzupassen, ist das immer beliebte Seilspringen eine gute Übungsmöglichkeit.

Zunächst lasse ich wie zufällig Springseile verteilt liegen. Hier möchte ich besonders die althergebrachten aus Naturmaterial mit verstärkter Mitte empfehlen, da sie viel besser schwingen als die ohne Frage attraktiveren bunten Kunststoffseile. Noch nie ist es vorgekommen, daß Kinder sie nicht aufnehmen und damit irgendwie hantieren.

Im Vorschulalter gelingt es den meisten Kindern auch, zumindest mit beiden Füßen über das Seil zu springen, wenn sie es von hinten nach vorn über den Kopf schlagen. Am besten finde ich es, wenn man selber einfach auch ein Seil nimmt und verschiedene Variationen ausprobiert. Das reizt die Kinder sehr zum Nachahmen. Langsam entwickeln sich dann die verschiedenen Möglichkeiten, die die Kinder gern vorführen:

- Schlußsprung mit beiden Füßen
- mit Zwischenhüpfer
- im Laufschritt
- mit einem Beim
- das Seil an beiden Enden fassen, in einer Hand halten und dicht über dem Boden so kreisen, daß man darüber springen kann.

Nach langer, freier Spielphase kann dann ein Kreis gebildet werden.
Ein Kind steht in der Mitte (am Anfang mache ich das), an ein Seil wird ein Bohnensäckchen gebunden. Das Seil wird so im Kreis dicht am Boden gedreht, daß das Kind, vor dessen Füßen das Säckchen landet, darüber springen muß.

Variation: draußen läßt sich das besonders gut spielen. Man kann auch ein Ratespiel daraus machen:

- Wer auf das Seil tritt oder damit gefangen wird, muß eine Blume o. ä. nennen.

Nach längerer Einführungszeit kann es dann zum Wechsel der Bewegungsebene kommen – zum Seilschwingen.

Ich befestige ein Tau oder eine Zauberschnur (ist weicher) seitlich und halte das andere Ende in der Hand, um es hoch und tief zu schlagen. Alle Kinder stehen auf einer Seite und sollen unter dem Seil zur anderen Seite durch laufen. Zur Hilfe zähle ich die Vor- und Rückschwünge laut und anfeuernd mit:
1... u n d 2... u n d 3... u n d loooos!

Diese Situation ist vergleichbar mit der, zwischen einer Autoschlange eine Lücke zu finden. Man muß die Geschwindigkeit des Seiles abschätzen und die eigene anpassen. Es kann also nicht oft genug trainiert werden.

Dabei lassen sich die Kinder besonders gut beobachten (Bewegungsfluß, Mut, Ängstlichkeit, Überschuß, Konzentration).

Etwas entspannter geht es zu bei dem alten Vershüpfen: „Teddybär, Teddybär dreh dich um..."

9.6 Ballspiele

Alle Arten des Spielens mit dem Ball nehmen das gleiche Thema auf:
Bewegung und Geschwindigkeit und Geschicklichkeit zu koordinieren.

Der Ball hat genau wie das Seil einen so starken Aufforderungscharakter, der kein Kind „verschont". Daher ist es hier (eigentlich ja immer!) erforderlich, zunächst sehr viel Raum für das freie Experimentieren zu lassen und viele Möglichkeiten zu schaffen:

- viele unterschiedliche Bälle
- dazu Reifen, Kartons, Schalen, Eimer
- im Raum die Begrenzungen ausnutzen (Wände, Decken, Boden)
- draußen die Weite erfahren.

Ich beginne gern mit einer ganz einfachen Form zur Erfahrung:
1, 2, 3 – wer hat den Ball?

- In einem großen Wäschekorb habe ich unterschiedlichsten Bälle (vom Flummy über Tischtennis- und Tennisball bis zum leichten Basketball). Die Kinder stehen locker um mich herum, wenn ich die Aufforderung rufe und dabei durch Hochstoßen des Korbes alle Bälle umherpurzeln lasse.

Mehr muß nicht gesagt werden. Die Kinder rennen hinter den Bällen her, sammeln sie und bringen sie zum Korb zurück – und wollen mehr!

Nach und nach wechsle ich meinen Einsammel-Standort, so daß die Kinder sich immer neu orientieren müssen.

Erst wenn das langweilig wird, beginnen sie von ganz allein, neue Spielarten auszuprobieren, in die man dann eine Aufgabe einschieben kann, z. B.:

- Wer ist schneller – du oder dein Ball? Der Ball soll gerollt und möglichst überholt und eingefangen werden. Zuerst macht das

jedes Kind für sich, dann rollt eines, während das andere fangen soll.
- Ball-Slalom – Der Raum ist mit allerlei Hindernissen vollgestellt (es reichen wieder Tische und Stühle). Es soll um alles herum gerollt und hinterher gekrabbelt werden, dann darüber hinweg rollen und darum herum laufen und den Ball wieder holen usw...
- Werfen und Fangen kann man zwischendurch bestimmt schon bei einigen Kindern beobachten und dann langsam weiterentwickeln:
- gegen die Wand werfen
- hochwerfen
- partnerweise werfen und fangen.

Auch kleine Wettspiele lassen sich einfügen, wobei es mir wichtig ist, daß ein Sieg nicht zu sehr hochgespielt wird.

9.7 Seitigkeit (Lateralität)

Rechts und links verwechseln – wer kennt das nicht ?!
Aber während es im Erwachsenenalter meist „nur" das Verwechseln der Begriffe ist, müssen Kinder das wirkliche Zuordnen der Körperhälften bewußt lernen. Das beginnt ja schon damit, daß man beim Begrüßen die rechte Hand reicht (die gute, die liebe?), beim Schuheanziehen treten auch die Schwierigkeiten auf und sind sogar seh- und spürbar.

Ich möchte hier nun nicht alle schon immer benutzten und bekannten Möglichkeiten aufzählen, wie grüne Schleife – linkes Bein, rote Schleife – rechtes Bein. Aber es macht allen Kindern Freude und hilft zur Verdeutlichung. Noch mehr Spaß aber machen Spiele.

Begonnen mit „Mein rechter, rechter Platz ist leer..." bis hin zum Computer-Männchen sind dem Erfindungsgeist keine Grenzen gesetzt. Man kann auch mal einen „linken Tag" oder einen „rechten Tag" verleben, an dem dann nur je die eine Seite etwas tun darf (Hände wie Füße!).

Weil der Computer mittlerweile immer früher Einzug in die Kinderzimmer hält (ob man das nun gut oder schlecht findet, ist hier egal), reizt die Vorschulkinder das Spiel mit dem

9.8 Computer – Männchen

Je zwei Kinder bilden ein Team: Eines ist Computer und eines der Techniker. Es geht darum, daß der Techniker seinen Computer von der einen Raumseite zur anderen dirigieren soll. Zusammenstöße muß er vermeiden. Der Computer kann nur mit abgehackten Schritten geradeaus gehen. Stößt er auf ein Hindernis, tritt er auf der Stelle.

Nun muß der Computer programmiert werden, damit er auf die Signalreize reagieren kann:

– auf den Rücken klopfen – los
– auf die linke Schulter – links drehen
– auf die rechte Schulter – rechts drehen
– auf den Kopf tippen – Stop
– auf den Bauch tippen – rückwärts

Zunächst probieren alle Teams. Dann werden sie auf alle vier Seiten des Raumes verteilt und es geht los (natürlich sollte man zunächst mit zwei Seiten probieren!). Ein herrliches Durcheinander und viele Lacher ergeben sich von selbst.

Dieses Spiel macht auch Erwachsenen sehr viel Spaß – vor allem, wenn ein Techniker zwei Computer gleichzeitig bedienen muß.

Bei all diesen Vorschlägen und bei aller Spielfreude sollte man natürlich nicht das „wirkliche Leben" vergessen und viele Gänge durch die Straßen unternehmen.

Literatur

Bernard, M. : Der menschliche Körper und seine gesellschaftliche Bedeutung, Limpert 1980

Cicurs, H.: Lehr- und Arbeitsbuch: Sonderturnen, Arbeitsgemeinschaft Düren, Dümmler, 1977

Glathe, B.: Stundenbilder zur rhythmischen Erziehung, Kallmeyer, 1975

Kind und Bewegung Bd. 19: Bundesinstitut für Sportwissenschaft, Hofmann, Schorndorf 1978

Kiphard, Ernst J.: Psychomotorische Elementar-Erziehung, Flöttmann, Gütersloh 1987

Portman, Schneider: Spiele zur Entspannung und Konzentration, Don Bosco, München 1992

Zimmer, R., Cicurs, H.: Psychomotorik, Hofmann, Schorndorf 1987

Raum für Notizen:

Raum für Notizen:

Raum für Notizen:

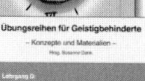

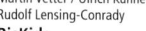